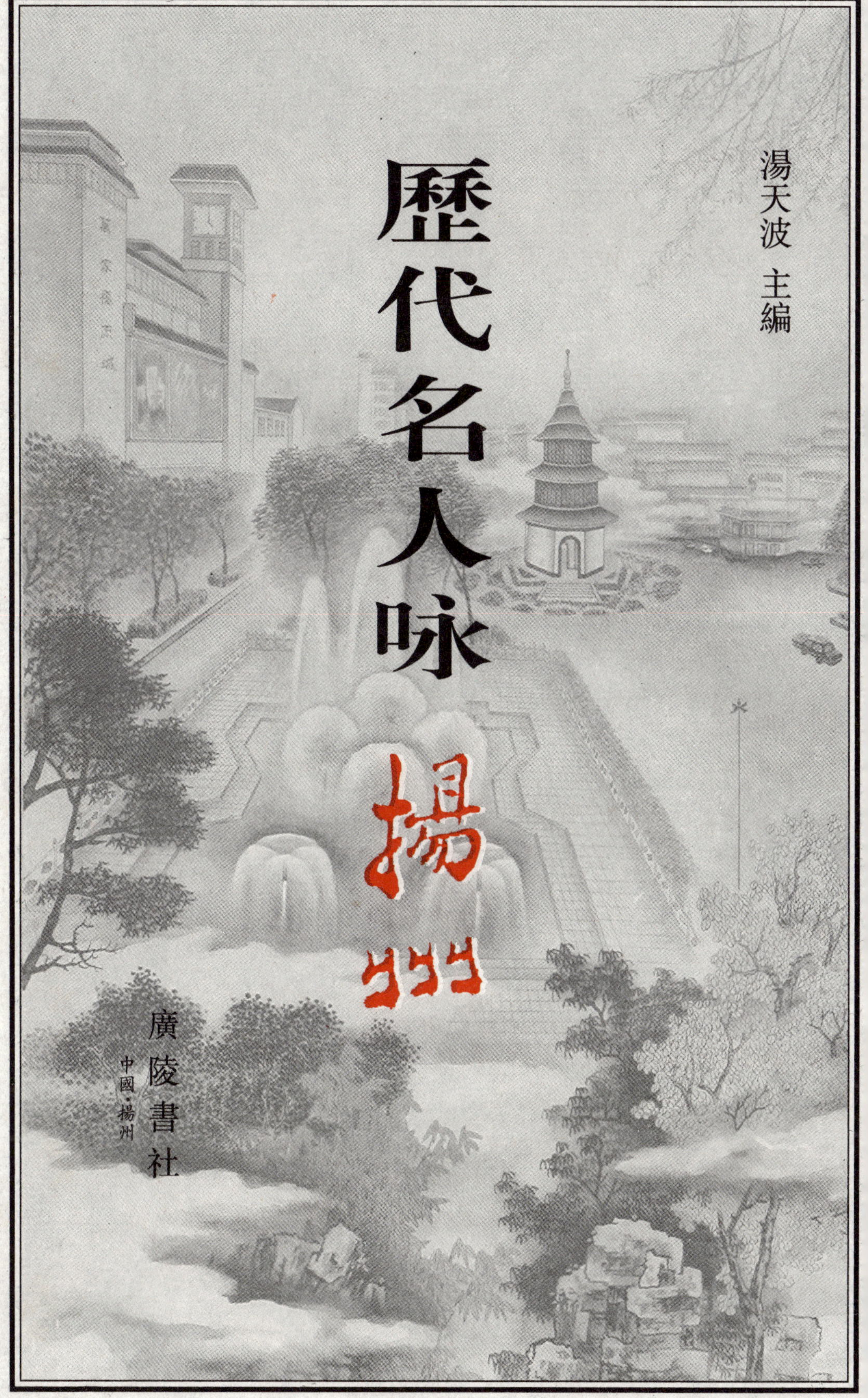

歷代名人咏揚州

湯天波 主編

廣陵書社
中國·揚州

出版說明

世人大凡論及揚州，言必『故人西辭黃鶴樓，烟花三月下揚州』『二十四橋明月夜，玉人何處教吹簫』。這本是唐代大詩人李白、杜牧的詩句，長久以來儼然已經成爲揚州的代語。宋代詞人姜白石的《揚州慢》出，『淮左名都，竹西佳處』的千古美名天下傳揚。到得明清，又有王漁洋的『緑楊城郭是揚州』以及衆多耳熟能詳的名家名作，讀來不禁回味良久、齒頰留香。更有現代散文大家朱自清筆下『生於斯，死於斯，歌哭於斯』的揚州的夏日，衰敗之間還飄逸着别樣風韵。

揚州歷史文化積淀深厚，人文薈萃。歷代墨客騷人多曾駐足揚州，留下的題咏之作更是不勝枚舉，其中不乏膾炙人口的佳作。本書精選題咏揚州的詩、詞、散文約二百篇，涉及揚州歷史沿革、社會風俗、名勝古迹、自然景觀等，而各篇作者，均爲名家。選編作品的時間跨度從南朝到現代，力圖從不同視角反映揚州這座名城的風貌。詩詞輔以書畫名作，加之宣紙精印，綫裝裝幀，使讀者在欣賞美文的同時，也能得到視覺上的享受。

廣陵書社

二〇〇六年二月

目錄

上册

詩

一 楊廣 泛龍舟
二 張若虛 春江花月夜
三 孟浩然 宿桐廬江寄廣陵舊游
四 李頎 送劉昱
五 王昌齡 客廣陵
六 李白 黄鶴樓送孟浩然之廣陵
七 秋日登揚州西靈塔
八 高適 登廣陵栖靈寺塔
九 崔顥 維揚送友還蘇州
一〇 杜甫 解悶
一一 岑參 送揚州司馬
一二 李端 蕪城
一三 劉長卿 茱萸灣北答崔載華問
更被奏留淮南送從弟罷使江東
一四 韋應物 酬柳郎中春日歸揚州南郭見别之作
初發揚子寄元大校書
一五 李益 汴河曲
一六 王建 夜看揚州市

一七 權德輿 廣陵詩
一八 王播 題木蘭院二首
一九 劉禹錫 楊柳枝
二〇 同樂天登栖靈寺塔
二一 李紳 宿揚州
二二 入揚州郭
二三 白居易 百煉鏡（辨皇王鑒也）
二四 與夢得同登栖靈寺塔
二五 姚合 揚州春詞三首
二六 賈島 尋人不遇
二七 徐凝 憶揚州
二八 張祜 縱游淮南
二九 揚州法雲寺雙檜
三〇 杜牧 揚州三首
三一 題揚州禪智寺
三二 寄揚州韓綽判官
三三 贈别（二首選一）
三四 遣懷
三五 李商隱 隋宫
三六 羅隱 春日獨游禪智寺
三七 煬帝陵
三八 皮日休 汴河懷古二首

廣陵書社

目錄

三九 韋莊 過揚州
四〇 杜荀鶴 送蜀客游維揚
四一 崔致遠 酬楊贍秀才送別
四二 徐鉉 贈維揚故人
四三 王禹偁 后土廟瓊花詩二首并序
四四 梅堯臣 山光寺
四五 歐陽修 答許發運見寄
四六 韓琦 瓊花
四七 劉敞 瓊花
四八 王安石 平山堂
四九 泊船瓜洲
五〇 蘇軾 歸宜興留題竹西寺（三首選一）
五一 題趙昌芍藥
五二 蘇轍 揚州五咏·九曲池
五三 黃庭堅 往歲過廣陵值早春嘗作詩曰春風十里珠簾卷仿佛三生杜牧之紅藥梢頭初繭栗揚州風物鬢成絲今春有自淮南來者道揚州事戲以前韵寄王定國（二首選一）
五四 秦觀 次韵子由題平山堂
五五 米芾 山光寺
五六 陸游 寄題揚州九曲池
五七 楊萬里 晚泊揚州
五八 文天祥 維揚驛

目錄

五九 王冕 過揚州
六〇 沈周 廣陵市鶴
六一 文徵明 過揚州登平山堂二首
六二 王世貞 雨中同思伯明卿登蕪城閣
六三 胡應麟 泊廣陵懷顧益卿
六四 吳偉業 揚州（四首選一）
六五 黃周星 秋日重過廣陵關帝祠樓舊寓見壁間墨迹猶鮮乃戊寅歲留題也蓋幾經兵燹慨然有咏
六六 杜濬 元夕江樓看月（二首選一）
六七 冒襄 贈別王阮亭司李（四首選一）
六八 方文 廣陵懷古
六九 宋琬 九日同姜如農王西樵程穆倩諸君登慧光閣
七〇 曹爾堪 廣陵懷古
七一 方孝標 芍藥圃
七二 施閏章 廣陵泛舟兩絶句
七三 吳嘉紀 過史公墓
七四 吳綺 揚州柳枝詞十首（選二）
七五 孫枝蔚 歸來（三首選一）
七六 宗元鼎 乙巳春夜讀王阮亭先生紅橋冶春諸絶句漫作（三首）
七七 郭士璟 紅橋泛月次宗鶴問韵
七八 毛奇齡 次揚州八韵
七九 陳維崧 小秦淮曲（十首選三）

目錄

八〇 彭孫遹 揚州懷古
八一 宋犖 紅橋
八二 汪楫 尋影園舊址同郝山漁賦
八三 冒丹書 紅橋秋泛（十首選二）
八四 汪懋麟 送金長真太守之任揚州（三首選一）
八五 王士禛 文選樓懷古
八六 冶春絕句（二十首選二）
八七 洪昇 廣陵懷古
八八 愛新覺羅·玄燁 過維揚并序
八九 孔尚任 揚州
九〇 桑豸 蜀岡夕望
九一 納蘭性德 平山堂
九二 曹寅 再游功德寺
九三 程夢星 晚登康山（二首）
九四 盧見曾 紅橋修禊并序（四首選一）
九五 高鳳翰 平山堂雅集二首
九六 汪士慎 春城晚望同西唐振華幼孚
九七 金農 平山堂
九八 黃慎 盧雅雨鹺使簡招并示《出塞圖》
九九 馬曰琯 竹西亭寒眺
一〇〇 鄭燮 揚州（四首選二）
一〇一 吳敬梓 將往平山堂風雪不果二首

目錄

一〇二 汪沆 紅橋修禊詞同閔蓮峰王載揚齊次風作（三首選一）
一〇三 全祖望 奉題玲瓏山館
一〇四 愛新覺羅·弘曆 維揚覽古
一〇五 袁枚 揚州游馬氏玲瓏山館感吊秋玉主人
一〇六 趙翼 揚州觀劇（四首選二）
一〇七 伊秉綬 淮南雜詩（九首選二）
一〇八 曾燠 正月二十五日梅花嶺作
一〇九 方濬頤 廣陵雜咏（七首選二）
一一〇 臧穀 《小游船詩》題詞

下冊 詞 文賦

一 呂巖 沁園春
二 柳永 迷神引
三 歐陽修 朝中措（送劉仲原甫出守維揚）
四 韓琦 望江南
維揚好
五 蘇軾 西江月（平山堂）
六 臨江仙
浣溪沙（揚州賞芍藥櫻桃）
七 黃庭堅 驀山溪（春晴）

廣陵書社

目錄

八　晁端禮　虞美人
九　秦觀　望海潮
一〇　夢揚州
一一　賀鑄　思越人
一二　新念别
一三　晁補之　望海潮（揚州芍藥會作）
一四　周邦彦　玉樓春（惆悵）
一五　葉夢得　竹馬兒
一六　曾覿　朝中措（維揚感懷）
一七　辛弃疾　水調歌頭（舟次揚州和人韵）
一八　吕渭老　思佳客
一九　姜夔　揚州慢
二〇　琵琶仙
二一　高似孫　金人捧露盤（送范東叔給事帥維揚）
二二　劉克莊　沁園春（維揚作）
二三　賀新郎（客贈芍藥）
二四　趙以夫　揚州慢
二五　李好古　八聲甘州
二六　方岳　風流子（和楚客維揚燈夕）
二七　吴文英　風流子
二八　白樸　念奴嬌
二九　木蘭花慢（燈夕到維揚）

目錄

三〇　劉辰翁　虞美人（揚州賣鏡上元事也用前韵）
三一　周密　踏莎行（與莫兩山談邗城舊事）
三二　何夢桂　八聲甘州（傷春）
三三　張可久　木蘭花慢（維揚懷古）
三四　吴偉業　水調歌頭（題贈）
三五　李漁　一剪梅（送故人子重游廣陵）
三六　曹溶　燭影摇紅（揚州己未正月十四夜）
三七　宋琬　念奴嬌
三八　龔鼎孶　西江月（賀陳郎新婚）
三九　尤侗　夢揚州（客廣陵用少游韵）
四〇　吴綺　探春令（次上若《紅橋春泛》）
四一　孫枝蔚　念奴嬌
四二　宗元鼎　念奴嬌（懷揚州王阮亭司理）
四三　金鎮　揚州慢（平山堂落成賦此）
四四　陳維崧　六州歌頭（邗溝懷古）
四五　王士禄　八聲甘州（揚州作）
四六　鄒祗謨　望遠行（蜀岡眺望懷古和阮亭韵）
四七　彭孫遹　畫屏秋色（蕪城秋感）
四八　王士禛　浣溪沙（紅橋懷古）
四九　費軒　夢香詞（調寄望江南）（選十）
五一　厲鶚　揚州慢（廣陵芍藥）
五二　鄭燮　滿江紅（思家）

目錄

五三 吴錫麒 滿江紅（乙巳暮春重過揚州作）
五四 方桂 望江南十調（選四）
五五 鮑照 蕪城賦
五七 王士禛 紅橋游記
五八 孔尚任 瓊花觀看月序
五九 沈德潛 宜莊記
六一 汪中 廣陵對
六八 沈復 維揚記游
七〇 梁章鉅 小玲瓏山館
七三 朱自清 我是揚州人
七九 揚州的夏日

泛龍舟

楊廣

舳艫千里泛歸舟，言旋舊鎮下揚州。
借問揚州在何處？淮南江北海西頭。
六轡聊停御百丈，暫罷開山歌棹謳。
詎似江東掌間地，獨自稱言鑒裏游。

楊廣（五六九—六一八）

即隋煬帝，文帝楊堅次子。開皇元年立爲晋王，九年徙爲揚州總管，鎮守江都。在位期間，造宫室，開運河，築長城，多有作爲。唐皮日休有詩：『若無水殿龍舟事，共禹論功不較多。』生平貪戀揚州美景，曾幾下揚州，築江都宫，建迷樓，生活奢靡。大業十二年，他第三次巡幸江都，於次年被弑於江都宫。

張若虛（約六六〇—七二〇）

揚州（今屬江蘇）人。初唐著名詩人。曾任兖州兵曹參軍。與賀知章、張旭、包融合稱『吴中四士』。其《春江花月夜》，有『孤篇壓全唐』之譽。王闓運《湘綺樓論唐詩》謂：『張若虛《春江花月夜》用《西州》格調，孤篇横絶，竟爲大家。』

春江花月夜

張若虛

春江潮水連海平，海上明月共潮生。灧灧隨波千萬里，何處春江無月明？
江流宛轉繞芳甸，月照花林皆似霰。空裏流霜不覺飛，汀上白沙看不見。
江天一色無纖塵，皎皎空中孤月輪。江畔何人初見月？江月何年初照人？
人生代代無窮已，江月年年祇相似。不知江月待何人，但見長江送流水。
白雲一片去悠悠，青楓浦上不勝愁。誰家今夜扁舟子，何處相思明月樓？
可憐樓上月徘回，應照離人妝鏡臺。玉户簾中卷不去，搗衣砧上拂還來。
此時相望不相聞，願逐月華流照君。鴻雁長飛光不度，魚龍潛躍水成文。
昨夜閑潭夢落花，可憐春半不還家。江水流春去欲盡，江潭落月復西斜。
斜月沈沈藏海霧，碣石瀟湘無限路。不知乘月幾人歸，落月摇情滿江樹。

宿桐廬江寄廣陵舊游

孟浩然

山暝聞猿愁，滄江急夜流。風鳴兩岸葉，月照一孤舟。
建德非吾土，維揚憶舊游。還將兩行泪，遥寄海西頭。

孟浩然

（六八九—七四〇）襄州襄陽（今湖北襄樊）人。早年隱居鹿門山，後入京應進士舉，不第，以布衣終老。性喜漫游，是唐代山水田園詩派的先行者，詩風平淡自然，與王維并稱『王孟』，在詩壇頗負盛名。有《孟浩然集》。

送劉昱

李頎

八月寒葦花，秋江浪頭白。
北風吹五兩，誰是潯陽客？
鸕鷀山頭微雨晴，揚州郭裏暮潮生。
行人夜宿金陵渚，試聽沙邊有雁聲。

李頎

（？—約七五一），郡望趙郡，寓居穎陽（今河南登封西）。開元二十三年進士，授新鄉尉。後歸隱，潛心佛道。工詩，尤擅七律、七古，邊塞詩不乏佳作。明陸時雍《唐詩鏡》稱：『李頎七律，詩格清煉，復流利可誦，是摩詰以下第一人。』

客廣陵

王昌齡

樓頭廣陵近，九月在南徐。
秋色明海縣，寒烟生里閭。
夜帆歸楚客，昨日度江書。
爲問易名叟，垂綸不見魚。

王昌齡

（約六九八—七五七）

字少伯，京兆萬年（今陝西西安）人。開元十五年進士，初任校書郎，後貶爲江寧丞、龍標尉，世稱王江寧、王龍標。爲盛唐著名詩人，時稱『詩家夫子』。詩以七絕見長，後世譽爲『七絕聖手』。明胡應麟《詩藪》謂：『摩詰五言絕，窮幽極玄；少伯七言絕，超凡入聖，俱神品也。』

李白

（七〇一—七六二）

字太白，號青蓮居士，綿州昌隆（今四川江油）人。天寶元年應召入京，供奉翰林，故又稱『李翰林』。後入永王李璘幕，李璘事敗，坐流夜郎（今貴州桐梓一帶），中途遇赦。晚年寄居族叔李陽冰家中，病逝於安徽當塗。長於歌詩，嗜酒，人稱『謫仙』。與杜甫齊名，并稱『李杜』，在我國詩歌史上享有崇高地位。

黃鶴樓送孟浩然之廣陵

李白

故人西辭黃鶴樓，烟花三月下揚州。
孤帆遠影碧空盡，唯見長江天際流。

《唐宋詩醇》評本詩：『語近情遥，有「手揮五弦，目送飛鴻」之妙。』其中『烟花三月下揚州』被譽爲『千古麗句，流傳之廣，影響之大，幾成揚州旅游形象的代名詞。

秋日登揚州西靈塔

李白

寶塔凌蒼蒼，登攀覽四荒。
頂高元氣合，標出海雲長。
萬象分空界，三天接畫梁。
水搖金剎影，日動火珠光。
鳥拂瓊簾度，霞連綉拱張。
目隨征路斷，心逐去帆揚。
露浴梧楸白，霜摧橘柚黃。
玉毫如可見，於此照迷方。

登廣陵栖靈寺塔

高適

淮南富登臨，茲塔信奇最。
直上造雲族，憑虛納天籟。
迴然碧海西，獨立飛鳥外。
始知高興盡，適與賞心會。
連山黯吳門，喬木吞楚塞。
城池滿窗下，物象歸掌內。
遠思駐江帆，暮時結春靄。
軒車疑蠢動，造化資大塊。
何必了無身，然後知所退！

高適（約七〇二—七六五）
字達夫，渤海蓨（今河北景縣南）人，徙居宋中（今河南商丘一帶）。天寶八年應舉中第，曾任淮南節度使，官至左散騎常侍，後人因稱『高常侍』。爲盛唐著名邊塞詩人，與岑參齊名，并稱『高岑』。

維揚送友還蘇州

崔顥

長安南下幾程途？得到邗溝吊綠蕪。
渚畔鱸魚舟上釣，羨君歸老向東吳。

崔顥（約七〇四—七五四）汴州（今河南開封）人。開元十一年進士。盛唐著名詩人，與王昌齡、孟浩然同以位不顯而文知名。其《黄鶴樓》一詩膾炙人口，嚴羽推爲唐人七律第一。

解悶

杜甫

商胡離別下揚州，憶上西陵故驛樓。
爲問淮南米貴賤，老夫乘興欲東游。

杜甫（七一二—七七〇）字子美，自稱少陵野老，鞏縣（今河南鞏義）人。曾官左拾遺、檢校工部員外郎。人稱『杜工部』。他親身經歷戰亂，感受人民苦難，創作了大量反映社會現實的詩篇，有『詩史』之稱。與李白齊名，并稱『李杜』。是我國最偉大的現實主義詩人，被譽爲『詩聖』。有《杜工部集》。

送揚州司馬

岑參

君家舊淮水，水上到揚州。
海樹青官舍，江雲黑郡樓。
車南隨去鳥，人吏待行舟。
爲報吾兄道，如今已白頭。

岑參（約七一五—七七〇）荊州江陵（今屬湖北）人。唐天寶進士。曾兩次出塞，任安西節度使府掌書記。後官至嘉州刺史，人稱『岑嘉州』。詩風雄奇豪縱，尤善寫邊地風光和戎馬生涯。與高適齊名。有《岑嘉州集》。

蕪城

李端

昔人登此地，丘隴已前悲。
今日又非昔，春風能幾時？
風吹城上樹，草没城邊路。
城裏月明時，精靈自來去。

李端 生卒年不詳。字正己，趙州（今河北趙縣）人。大曆五年進士，授秘書省校書郎。後出任杭州司馬。爲『大曆十才子』之一。

廣陵書社

劉長卿

生卒年不詳。字文房，宣城（今屬安徽）人。天寶間登進士第。代宗大曆初，以檢校祠部員外郎出轉運使判官，駐揚州。後擢隨州刺史，人稱『劉隨州』。擅長五言詩，自稱『五言長城』。

茱萸灣北答崔載華問

劉長卿

荒涼野店絶，迢遞人烟遠。蒼蒼古木中，多是隋家苑。

更被奏留淮南送從弟罷使江東

劉長卿

又作淮南客，還悲木葉聲。寒潮落瓜步，秋色上蕪城。
王事何時盡？滄洲羨爾行。青山將緑水，惆悵不勝情。

韋應物

（七三七—約七九二）

京兆萬年（今陝西西安）人。曾任滁州、江州、蘇州等地刺史，人稱韋江州、韋蘇州。代宗永泰間，曾經東游廣陵。其詩多反映山水田園生活，藝術上師法陶、謝，高雅閑淡，自成一體。有《韋蘇州集》。

酬柳郎中春日歸揚州南郭見別之作

韋應物

廣陵三月花正開，花裏逢君醉一回。
南北相過殊不遠，暮潮從去早潮來。

初發揚子寄元大校書

韋應物

凄凄去親愛，泛泛入烟霧。
歸棹洛陽人，殘鐘廣陵樹。
今朝此爲別，何處還相遇？
世事波上舟，沿洄安得住？

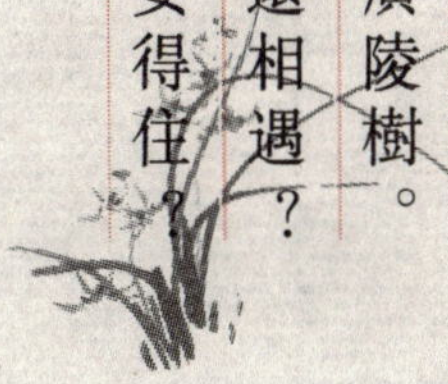

汴河曲

李益

汴水東流無限春，隋家宮闕已成塵。
行人莫上長堤望，風起楊花愁殺人。

李益（七四八—八二九）

字君虞，隴西姑臧（今甘肅武威）人。唐大曆四年進士，官至禮部尚書。貞元十六年，曾南游揚州等地。他是中唐前期杰出的詩人，工近體，尤善七絶，其詩多唱爲七絶，流播一時。

夜看揚州市

王建

夜市千燈照碧雲，高樓紅袖客紛紛。
如今不似時平日，猶自笙歌徹曉聞。

王建

生卒年不詳。字仲初，潁川（今河南許昌）人。大曆十年進士。官至陝州司馬。與張籍齊名，皆擅長新樂府，世稱『張王樂府』。《詩學淵源》謂：『建思致委曲，韵語如流，情真意摯，體會不盡。』

權德輿（七五九—八一八）

字載之，天水略陽（今甘肅秦安）人，後遷居丹徒（今江蘇鎮江）。曾拜禮部尚書、同中書門下平章事。工詩善文，詩工古、五絶。有《權載之文集》。

廣陵詩

權德輿

廣陵實佳麗，隋季此爲京。八方稱輻凑，五達如砥平。
大旆映空色，笳簫發連營。層臺出重霄，金碧摩顥清。
交馳流水轂，回接浮雲甍。青樓旭日映，綠野春風晴。
噴玉光照地，顰蛾價傾城。燈前互巧笑，陌上相逢迎。
飄飄翠羽薄，掩映紅襦明。蘭麝遠不散，管弦閑自清。
曲士守文墨，達人隨性情。茫茫竟同盡，冉冉將何營？
且申今日歡，莫務身後名。肯學諸儒輩，書窗誤一生！

王播（七五九—八三〇）

字明揚，太原（今屬山西）人，遷居揚州。貞元十年進士。少時孤貧，曾就食揚州惠昭寺木蘭院，聽鐘聲用餐。寺僧厭怠，於飯後始擊鐘，他憤然離去。三十年後任淮南節度使，重游木蘭寺，見題壁詩已被碧紗籠罩，遂作《題木蘭院二首》。

題木蘭院二首

王播

三十年前此院游，木蘭花發院新修。
如今再到經行處，樹老無花僧白頭。

上堂已了各西東，慚愧闍黎飯後鐘。
三十年來塵撲面，如今始得碧紗籠。

楊柳枝

劉禹錫

揚子江頭烟景迷，隋家宮樹拂金堤。

嵯峨猶有當時色，半蘸波中水鳥栖。

劉禹錫（七七二—八四二）

字夢得，洛陽（今屬河南）人。貞元九年進士，因參與王叔文的政治革新和譏諷權貴，多次被貶官。開成元年，爲太子賓客，世稱『劉賓客』。於詩無體不備，律、絕尤工，是中唐時期的杰出詩人。與白居易并稱『劉白』。

同樂天登栖靈寺塔

劉禹錫

步步相携不覺難，九層雲外倚闌干。

忽然笑語半天上，無限游人舉眼看。

宿揚州

李紳

江橫渡闊烟波晚，潮過金陵落葉秋。
嘹唳塞鴻經楚澤，淺深紅樹見揚州。
夜橋燈火連星漢，水郭帆檣近斗牛。
今日市朝風俗變，不須開口問迷樓。

李紳（七七二—八四六）

字公垂，亳州譙縣（今安徽亳縣）人，寓居無錫。元和元年進士，累官至中書侍郎同平章事。文宗開成五年與武宗會昌四年，兩度出鎮淮南，駐節揚州。首創《新題樂府》詩，開新樂府運動的先聲。

入揚州郭

李紳

潮水舊通揚州郭內，大曆以後，潮信不通。李頎詩『鸕鷀山頭片雨晴，揚州郭裏暮潮生』，此可以驗。

菊芳沙渚殘花少，柳過秋風墜葉疏。
堤繞門津喧井市，路交村陌混樵漁。
畏衝生客呼童僕，欲指潮痕問里閭。
非爲掩身羞白髮，自緣多病喜肩輿。

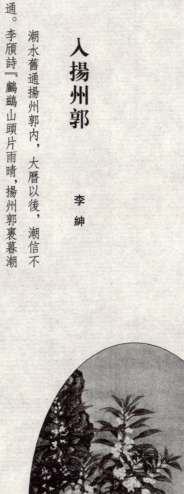

百煉鏡（辨皇王鑒也）

白居易

百煉鏡，熔範非常規，日辰處所靈且奇。
江心波上舟中鑄，五月五日日午時。
瓊粉金膏磨瑩已，化爲一片秋潭水。
鏡成將獻蓬萊宮，揚州長吏手自封。
人間臣妾不合照，背有九五飛天龍。
人人呼爲天子鏡，我有一言聞太宗。
太宗常以人爲鏡，鑒古鑒今不鑒容。
四海安危居掌內，百王治亂懸心中。
乃知天子別有鏡，不是揚州百煉銅。

白居易（七七二—八四六）字樂天，晚年號香山居士，下邽（今陝西渭南）人。貞元十六年進士。性倜儻，善賦詩，尤工古歌。是繼杜甫之後又一偉大的現實主義詩人，倡導新樂府運動，影響深遠。其諷諭詩深刻揭露社會黑暗，廣泛反映人民苦難。與元稹齊名，世稱『元白』。寶曆二年曾與劉禹錫同游揚州。晚年居洛陽，二人唱和甚多，人稱『劉白』。

與夢得同登栖靈寺塔

白居易

半月悠悠在廣陵，何樓何塔不同登。
共憐筋力猶堪在，上到栖靈第九層。

廣陵書社

揚州春詞三首

姚合

廣陵寒食天，無霧復無烟。暖日凝花柳，春風散管弦。
園林多是宅，車馬少於船。莫唤游人住，游人困不眠。

滿郭是春光，街衢土亦香。竹風輕履舄，花露膩衣裳。
谷鳥鳴還艶，山夫到更狂。可憐游賞地，煬帝國傾亡。

江北烟光裏，淮南勝事多。市廛持燭入，鄰里漾船過。
有地惟栽竹，無家不養鵝。春風蕩城郭，滿耳是笙歌。

姚合

（約七七九—約八四六）陜州（今河南陜縣）人，一説吴興（今屬浙江）人。元和十一年進士，授武功主簿，世稱『姚武功』。官至秘書少監。詩以五律爲主，與賈島齊名，時稱『姚賈』。《石園詩話》謂：姚合《揚州春詞》，『勝畫一幅揚州圖』。

尋人不遇

賈島

聞説到揚州，吹簫有舊游。
人來多不見，莫是上迷樓？

賈島

（七七九—八四三）字浪仙，一作閬仙，范陽（今北京附近）人。早年爲僧，法名無本，後還俗。曾任遂州長江主簿、普州司倉參軍，世稱『賈長江』。與孟郊都是中唐著名的苦吟詩人，有『郊寒島瘦』之稱。

憶揚州

徐凝

蕭娘臉下難勝泪，桃葉眉頭易得愁。
天下三分明月夜，二分無賴是揚州。

徐凝　生卒年不詳。睦州（今浙江建德）人。元和年間有詩名，終身不仕。曾游揚州，其《憶揚州》詩，人們争相傳誦，至將『二分明月』作爲揚州代稱。《全唐詩》存詩一卷。

縱游淮南

張祜

十里長街市井連，月明橋上看神仙。
人生秖合揚州死，禪智山光好墓田。

張祜　（約七九一—約八五二）字承吉，南陽（今屬河南）人。元和十五年，曾寓游揚州。祜才思便捷，長於七絶，宫詞微婉多諷。《詩話總龜》謂：『張祜素藉詩名，凡知己者皆當世英儒。故杜牧之云：「誰人得似張公子，千首詩輕萬户侯。」』

揚州法雲寺雙檜

張祜

謝家雙植本圖榮，樹老人因地變更。
朱頂鶴知深蓋偃，白眉僧見小枝生。
高臨月殿秋雲影，静入風檐夜雨聲。
縱使百年爲上壽，緑陰終借暫時行。

揚州三首

杜牧

煬帝雷塘土，迷藏有舊樓。誰家唱《水調》？明月滿揚州。
駿馬宜閑出，千金好舊游。喧闐醉年少，半脱紫茸裘。

秋風放螢苑，春草鬥鷄臺。金絡擎雕去，鸞環拾翠來。
蜀船紅錦重，越橐水沈堆。處處皆華表，淮王奈却回。

街垂千步柳，霞映兩重城。天碧臺閣麗，風凉歌管清。
纖腰間長袖，玉佩雜繁纓。柂軸誠爲壯，豪華不可名。
自是荒淫罪，何妨作帝京？

杜牧（八〇三—八五三）

字牧之，京兆萬年（今陝西西安）人。太和二年進士。太和七年，應牛僧孺之聘，任淮南節度府推官，後轉掌書記。在揚州期間，好游宴，縱情聲色，留下不少膾炙人口的詩作。官終中書舍人。爲晚唐著名詩人和散文家，才華横溢。其詩風調高華，情致豪邁。長於律、絶，五古獨步當時。人稱『小杜』，以别於杜甫。又與李商隱并稱『小李杜』。有《樊川文集》。

題揚州禪智寺

杜牧

雨過一蟬噪，飄蕭松桂秋。
青苔滿階砌，白鳥故遲留。
暮靄生深樹，斜陽下小樓。
誰知竹西路，歌吹是揚州。

寄揚州韓綽判官

杜牧

青山隱隱水迢迢，秋盡江南草未凋。
二十四橋明月夜，玉人何處教吹簫？

《唐人萬首絕句選評》謂此詩『深情高調，晚唐中絕作，可以媲美盛唐名家』。《唐詩三百首》稱末二句『與謫仙「烟花三月」七字，皆千古麗句』。

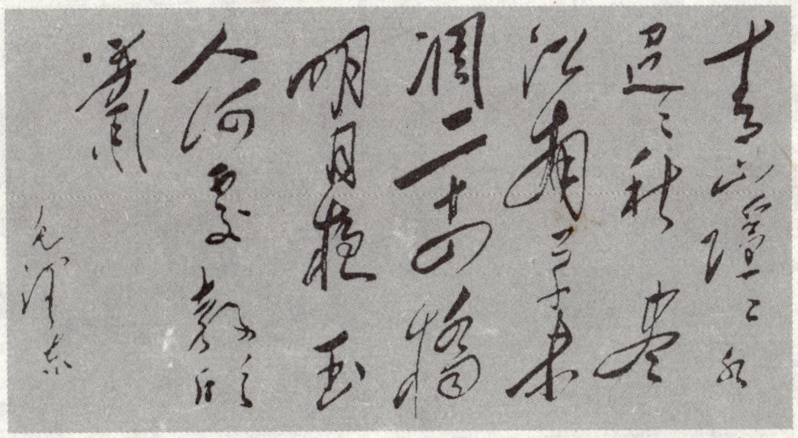

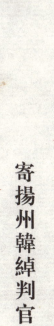

贈別（二首選一）

杜牧

娉娉裊裊十三餘，豆蔻梢頭二月初。
春風十里揚州路，卷上珠簾總不如。

遣懷

杜牧

落魄江南載酒行，楚腰纖細掌中輕。
十年一覺揚州夢，贏得青樓薄幸名。

清余成放《石園詩話》：杜司勛詩『誰家唱水調，明月滿揚州』、『誰知竹西路，歌吹是揚州』、『揚州塵土試回首，不惜千金借與君』、『二十四橋明月夜，玉人何處教吹簫』、『春風十里揚州路，卷上珠簾總不如』、『十年一覺揚州夢，贏得青樓薄幸名』，何其善言揚州也！

隋宮

李商隱

紫泉宮殿鎖烟霞，欲取蕪城作帝家。
玉璽不緣歸日角，錦帆應是到天涯。
于今腐草無螢火，終古垂楊有暮鴉。
地下若逢陳後主，豈宜重問《後庭花》？

李商隱
（八一三—八五八）

字義山，號玉溪生，又號樊南生，懷州河內（今河南沁陽）人。開成二年進士，因受牛、李黨爭的牽連，仕途不得志。他是晚唐著名詩人，與杜牧并稱『李杜』。其詩或諷諭時政，或感慨身世，構思縝密，想像豐富，情致婉曲，精於用典。

春日獨游禪智寺

羅隱

樹遠連天水接空，幾年行樂舊隋宮。
花開花謝還如此，人去人來自不同。
鸞鳳調高何處酒，吴牛蹄健滿車風。
思量祇合騰騰醉，煮海平陳一夢中。

羅隱
（八三三—九〇九）

字昭諫，原名横，自號江東生，餘杭新城（今浙江富陽）人。咸通初應進士舉，屢試不第，遂改名隱。晚年任錢塘令、節度判官等職。爲晚唐著名詩人，與羅鄴、羅虬并稱『三羅』。詩多譏諷，較深刻地反映了現實生活。有《江東集》、《甲乙集》。

煬帝陵

羅隱

入郭登橋出郭船，紅樓日日柳年年。
君王忍把平陳業，祇博雷塘數畝田！

王國維《人間詞話》：『君王忍把平陳業，換取雷塘數畝田』，政治家之言也；『長陵亦是閑邱隴，异日誰知與仲多』，詩人之言也。政治家之眼，域於一人一事；詩人之眼，則通古今而觀之。

皮日休

（約八三四—約八八三）

字逸少，又字襲美，號鹿門子。襄陽（今屬湖北）人。咸通八年進士。曾任太常博士。後參加黃巢起義軍，任翰林學士，兵敗而死。詩文與陸龜蒙齊名，世稱『皮陸』。詩多酬唱咏物之作，於時政弊端亦有所涉及。有《皮子文藪》。

汴河懷古二首

皮日休

萬艘龍舸綠絲間，載到揚州盡不還。
應是天教開汴水，一千餘里地無山。

盡道隋亡爲此河，至今千里賴通波。
若無水殿龍舟事，共禹論功不較多。

過揚州

韋莊

當年人未識兵戈，處處青樓夜夜歌。
花發洞中春日永，月明衣上好風多。
淮王去後無鷄犬，煬帝歸來葬綺羅。
二十四橋空寂寂，緑楊摧折舊官河。

韋莊（約八三六—九一〇）字端己，京兆杜陵（今陝西西安）人。乾寧元年進士，初爲校書郎，後入蜀爲王建掌書記。爲晚唐五代時期的主要詞人和詩人。詞作清艷絶倫，與温庭筠并稱『温韋』。有《浣花集》。

送蜀客游維揚

杜荀鶴

見説西川景物繁，維揚景物勝西川。
青春花柳樹臨水，白日綺羅人上船。
夾岸畫樓難惜醉，數橋明月不教眠。
送君懶問君回日，才子風流正少年。

杜荀鶴（八四六—九〇四）字彦之，號九華山人，池州石埭（今安徽石臺）人。大順二年進士。爲晚唐著名詩人，工近體詩，擅長七律，詩歌多反映人民疾苦。自編歌詩爲《唐風集》。

酬楊贍秀才送別

崔致遠

海槎雖定隔年回，衣錦還鄉愧不才。
暫別蕪城當葉落，遠尋蓬島趁花開。
谷鶯遥想高飛去，遼豕寧慚再獻來？
好把壯心謀後會，廣陵風月待銜杯。

崔致遠
（八五七—約九二八）
字海夫，號孤雲，新羅國（今韓國）慶州人。十二歲時渡海入唐，乾符元年進士。乾符末年，入淮南節度使高駢幕府。中和末，充國信使，東返新羅。有《桂苑筆耕集》。

贈維揚故人

徐鉉

東京少長認維桑，書劍誰教入帝鄉。
一事無成空放逐，故人相見重凄涼。
樓臺寂寞官河晚，人物稀疏驛路長。
莫怪臨風惆悵久，十年春色憶維揚。

徐鉉
（九一六—九九一）
字鼎臣，廣陵（今江蘇揚州）人。初仕吳，爲校書郎。入南唐，累官至吏部尚書。後歸宋。鉉博學多才，工詩善文，與弟鍇齊名，時號「二徐」。又精文字學，曾受詔校訂《説文解字》，與修《文苑英華》、《太平廣記》。

后土廟瓊花詩二首 并序

王禹偁

揚州后土廟有花一株，潔白可愛，且其樹大而花繁，不知實何木也，俗謂之瓊花云，因賦詩以狀其態。

誰移琪樹下仙鄉？二月輕冰八月霜。
若使壽陽公主在，自當羞見落梅妝。

春冰薄薄壓枝柯，分與清香是月娥。
忽似暑天深澗底，老松擎雪白婆娑。

王禹偁

（九五四—一〇〇一）

字元之，濟州鉅野（今山東鉅野）人。太平興國八年進士。至道二年，任揚州知府。在任期間，頗多惠政。工詩文，其文宗韓、柳，詩尊杜甫、白居易，直抒胸臆，平易自然。有《小畜集》。

山光寺

梅堯臣

古橋經廢寺，蒼蘚舊離宮。
柏殿秋陰冷，蓮堂暮色空。
鳥啼山靄裏，僧語竹林中。
寂寞蕪城近，蕭蕭牧笛風。

梅堯臣

（一〇〇二—一〇六〇）

字聖俞，宣州宣城（今安徽宣州）人。宣城古名宛陵，故世稱其宛陵先生。與歐陽修同爲北宋前期詩文革新運動領袖，對宋代詩風轉變有較大影響。有《宛陵集》。

歐陽修
（一〇〇七—一〇七二）
字永叔，號醉翁，晚年號六一居士，廬陵（今江西吉安）人。天聖八年進士，累官翰林學士、樞密副使、參知政事。慶曆八年知揚州，於蜀岡建平山堂，公暇召賓客登臨覽勝，詩酒唱和，有『文章太守』之譽。爲北宋古文運動領袖，『唐宋八大家』之一。有《歐陽文忠集》。

答許發運見寄

歐陽修

瓊花芍藥世無倫，偶不題詩便怨人。
曾向無雙亭下醉，自知不負廣陵春。

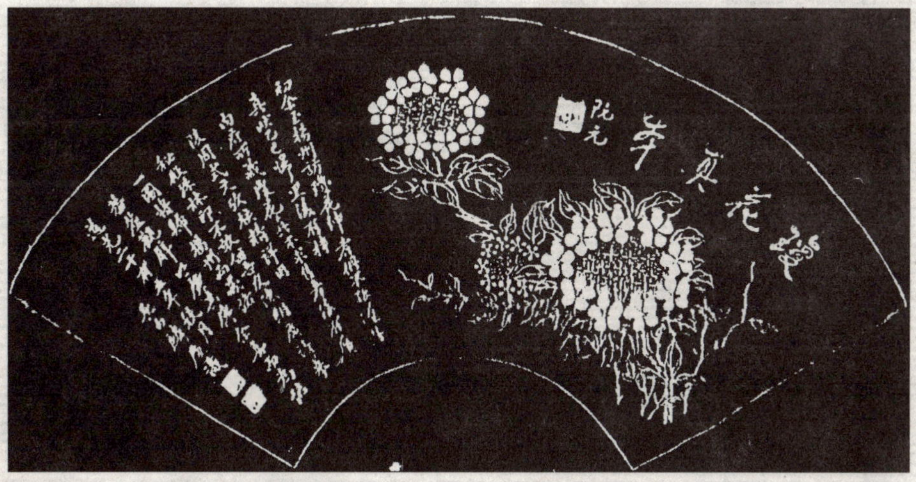

韓琦
（一〇〇八—一〇七五）
字稚圭，號贛叟，安陽（今屬河南）人。天聖五年進士，在軍中屢建奇功，與范仲淹齊名，朝廷倚爲重臣。累官同中書門下平章事、集賢殿大學士，封魏國公。慶曆五年，以資政殿學士知揚州。工詩詞。有《安陽集》。

瓊花

韓琦

維揚一株花，四海無同類。年年后土祠，獨比瓊瑤貴。
中含散水芳，外團蝴蝶戲。酴醿不見香，芍藥慚多媚。
扶疏翠蓋圓，散亂真珠綴。不從衆格繁，自守幽姿粹。
嘗聞好事家，欲移金轂地。既違孤潔情，終誤栽培意。
洛陽紅牡丹，適時名轉异。新榮托舊枝，萬狀呈妖麗。
天工借顏色，深淺隨人智。三春愛賞時，車馬喧如市。
草木禀賦殊，得失豈輕議。我來首見花，對花聊自醉。

瓊花

劉敞

自淮南遷東平，移后土廟瓊花植於濯纓亭，此花天下獨一株爾。永叔爲揚州，作無雙亭以賞之，彼人别號八仙花也。或云李衛公所賦玉蕊花即此。聊以小詩，記其所從來。

海內無雙玉蕊花，异時來自八仙家。
魯人得此天中樹，乞與春風賞物華。

劉敞

（一〇一九—一〇六八）

字原父，一作原甫，新喻（今江西新余）人。慶曆六年進士，官至集賢院學士，判南京御史臺。曾爲揚州知府，斷事公正廉明。學問淵博，有《春秋傳》、《公是集》等傳世。

平山堂

王安石

城北横岡走翠虬，一堂高視兩三州。
淮岑日對朱欄出，江岫雲齊碧瓦浮。
墟落耕桑公愷悌，懷觴談笑客風流。
不見峴首登臨處，壯觀當時有此不？

王安石

（一〇二一—一〇八六）

字介甫，臨川（今江西撫州）人。慶曆二年進士，累官至參知政事、同中書門下平章事，封荆國公。他是北宋杰出的政治家，主張變法；也是著名的文學家，散文雄健峭拔，爲『唐宋八大家』之一。有《臨川集》。

泊船瓜洲

王安石

京口瓜洲一水間，鍾山衹隔數重山。

春風又緑江南岸，明月何時照我還？

歸宜興留題竹西寺（三首選一）

蘇軾

十年歸夢寄西風，此去真爲田舍翁。

剩覓蜀岡新井水，要携鄉味過江東。

蘇軾

（一〇三七—一一〇一）

字子瞻，號東坡居士，眉山（今屬四川）人。嘉祐二年進士。歷官至禮部尚書。元祐七年知揚州，革除弊政，興建谷林堂，爲人稱道。文學成就極高。文汪洋恣肆，爲『唐宋八大家』之一，與父洵、弟轍合稱『三蘇』；詩清新豪健，與黄庭堅并稱『蘇黄』；詞則開創豪放一派，與辛弃疾并稱『蘇辛』。又擅書法，與蔡襄、黄庭堅、米芾并稱『宋四家』。

題趙昌芍藥

蘇軾

倚竹佳人翠袖長，天寒猶著薄羅裳。
揚州近日紅千葉，自是風流時世妝。

揚州五咏·九曲池

蘇轍

嵇老清彈怨廣陵，隋家《水調》寄哀音。
可憐九曲遺聲盡，惟有一池春水深。
鳳闕蕭條荒草外，龍舟想像緑楊陰。
都人似有興亡恨，每到殘春一度尋。

蘇轍
（一〇三九—一一一二）
字子由，一字同叔，號潁濱遺老，眉山（今屬四川）人。嘉祐二年與兄軾同登進士第，累官尚書右丞、門下侍郎。爲『唐宋八大家』之一，與父洵、兄軾合稱『三蘇』。有《欒城集》等。

黃庭堅

（一〇四五—一一〇五）

字魯直，號山谷道人，洪州分寧（今江西修水）人。治平四年進士，歷任國子監教授、秘書省校書郎等職。早年以詩詞受知於蘇軾，與張耒、晁補之、秦觀并稱『蘇門四學士』。後與蘇軾齊名，世稱『蘇黃』。其詩宗法杜甫，峭拔奇麗，開創『江西詩派』。詞亦負盛名，與秦觀并稱『秦黃』。兼擅書，爲『宋四家』之一。

往歲過廣陵值早春嘗作詩曰春風十里珠簾卷仿佛三生杜牧之紅藥梢頭初繭栗揚州風物鬢成絲今春有自淮南來者道揚州事戲以前韵寄王定國（二首選一）

黃庭堅

淮南二十四橋月，馬上時時夢見之。
想得揚州醉年少，正圍紅袖寫烏絲。

秦觀

（一〇四九—一一〇〇）

字少游，又字太虛，號淮海居士，高郵（今屬江蘇）人。元豐八年進士。曾任太常博士，兼國史院編修官。少從蘇軾游，文辭爲蘇軾所賞識，爲『蘇門四學士』之一。善詩賦，尤工詞，風格委婉含蓄，清麗淡雅。有《淮海集》。

次韵子由題平山堂

秦觀

棟宇高開古寺間，盡收佳處入雕欄。
山浮海上青螺遠，天轉江南碧玉寬。
雨檻幽花滋濺泪，風卮清酒漲微瀾。
游人若論登臨美，須作淮東第一觀。

米芾

（一〇五一—一一〇七）一名黻，字元章，人稱米南宮，原籍襄陽（今湖北襄樊），寓居京口（今江蘇鎮江）。以恩補校書郎、太常博士，召爲書畫學博士。因舉止『顛狂』，人稱米顛。能詩文，擅書畫，是宋代著名的書法家，與蔡襄、蘇軾、黄庭堅合稱『宋四家』。

山光寺

米芾

竹圍杉徑晚風清，又入山光寺裏行。
一一過僧談舊事，遲遲繞壁認題名。
仙來石畔懷灰劫，鶴語池邊勸後生。
三十年間成底事，空叨問禄是身榮。

寄題揚州九曲池

陸游

清汴長淮莽蒼中，揚州畫戟擁元戎。
南連近甸觀秋稼，北撫中原掃夕烽。
茶發蜀岡雷殷殷，水通隋苑月溶溶。
懸知帳下多豪杰，一醉何因及老農。

陸游

（一一二五—一二一〇）字務觀，號放翁，山陰（今浙江紹興）人。孝宗即位，任樞密院編修官，賜進士出身。歷任夔州通判、禮部郎中等職，以寶謨閣待制致仕。是南宋偉大的愛國詩人，詩多抒發政治抱負，反映人民疾苦，渴望國家統一，極富藝術感染力，在文學史上有深遠的影響。有《劍南詩稿》、《南唐書》、《老學庵筆記》等著作傳世。

晚泊揚州

楊萬里

揚子橋西轉彩航，粉城如練是維揚。
百年舊觀兵戈後，近歲新聞草木荒。
杰閣高臺雲上出，野梅官柳雪中香。
使君領略周遭看，走馬歸船欲夕陽。

楊萬里（一一二七—一二〇六）字廷秀，號誠齋，吉水（今屬江西）人。紹興二十四年進士。歷任國子監博士、太子侍讀、秘書監、江東轉運副使等職。其詩與陸游、范成大、尤袤齊名，稱『南宋四家』。其詞清新活潑。有《誠齋集》。

維揚驛

文天祥

三年別淮水，一夕宿揚州。
南極山川古，北風江海秋。
昭君愁出塞，王粲怕登樓。
千載英雄泪，如今況楚囚？

文天祥（一二三六—一二八三）字宋瑞，一字履善，號文山，廬陵（今江西吉安）人。寶祐四年進士第一。蒙古兵南侵，他在贛州起兵勤王。祥興元年，被元軍俘虜，囚燕京四年，堅貞不屈，從容就義。是我國著名的民族英雄。善文，工詩詞。有《文山先生全集》。

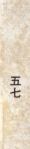

過揚州

王冕

東南重鎮是揚州，分野星辰近斗牛。
人物漸分南北异，江淮不改古今流。
瓊花香委神仙佩，楊柳風閑帝子舟。
十里朱簾晴不下，銀罌翠管滿紅樓。

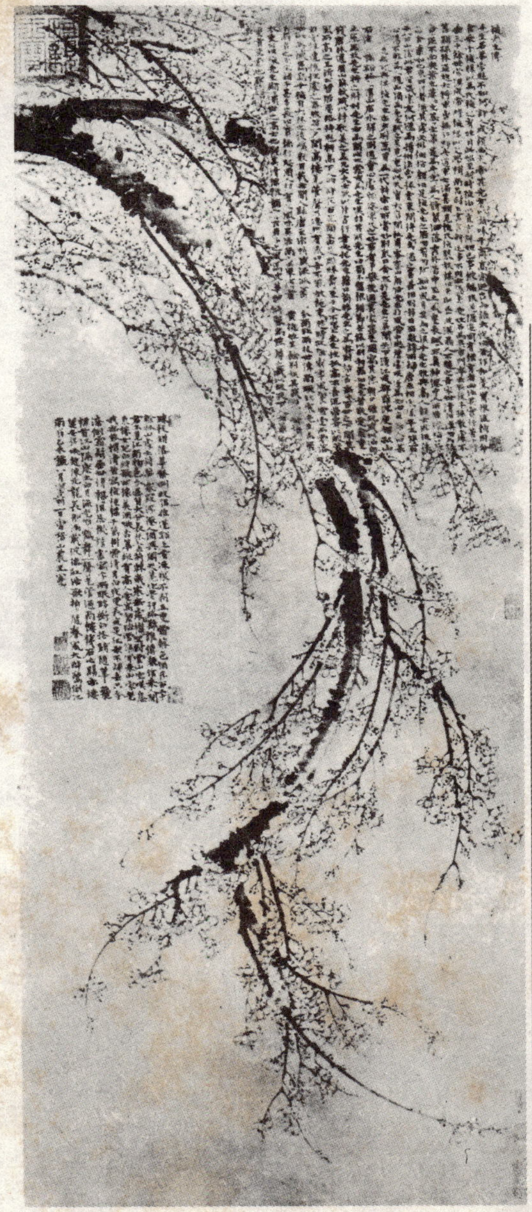

王冕（約一二八七—一三五九）字元章，諸暨（今屬浙江）人。幼家貧，自學成通儒，依佛寺以授徒，終身不就吏禄。工畫梅，自號梅花屋主。亦善詩，風格質樸自然。有《竹齋集》。

廣陵市鶴

沈周

聞説揚州好，風光記昔年。
瓊花已天上，買鶴解腰錢。

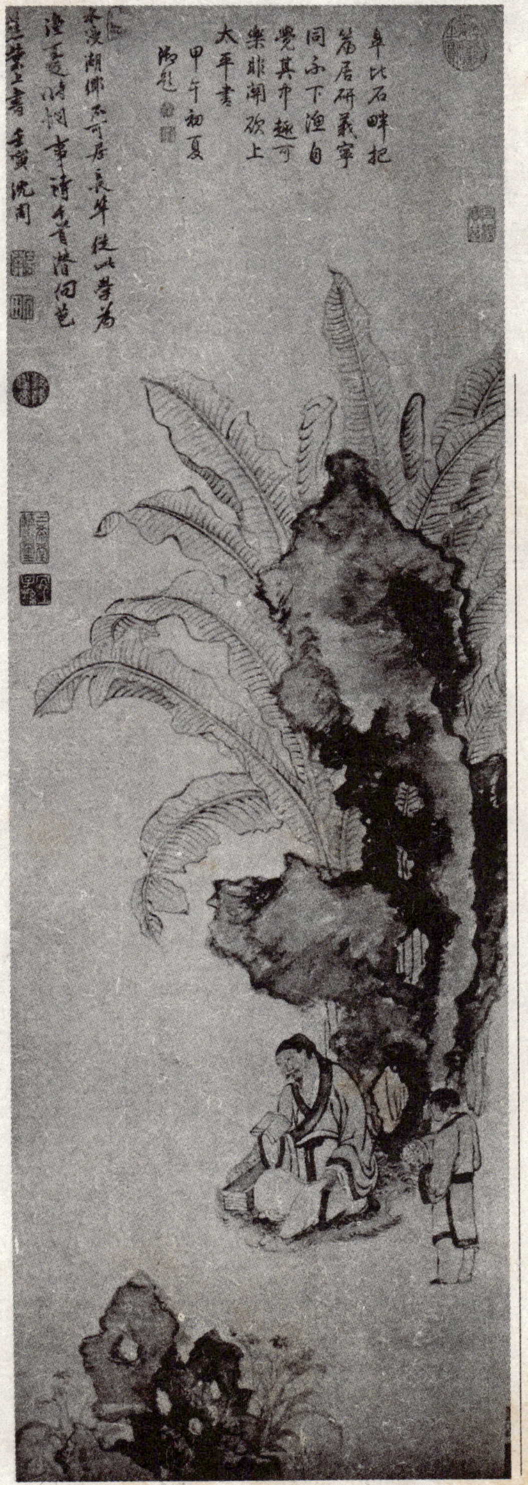

沈周（一四二七—一五〇九）字啓南，號石田，又號白石翁，長洲（今江蘇蘇州）人。明代著名畫家。與唐寅、文徵明、仇英并稱『明四家』。爲人耿介獨立，世稱石田先生。有《石田集》等。

過揚州登平山堂二首

文徵明

鶯啼三月過維揚，來上平山郭外堂。
江左繁華隋柳盡，淮南形勝蜀岡長。
百年往事悲陳迹，千里歸人喜近鄉。
滿地落花春醉醒，晚風吹雨過雷塘。

平山堂上草芊綿，學士風流五百年。
往事難追嘉祐迹，閑情聊試大明泉。
隔江秀色千峰雨，落日平林萬井烟。
最是登臨易生感，歸心遥落片帆前。

文徵明（一四七〇—一五五九）初名壁，以字行，別號衡山居士，長洲（今江蘇蘇州）人。與祝允明、唐寅、徐禎卿并稱『吴中四才子』。工書擅畫，詩文亦佳。畫名重一時，爲『吴門派』代表人物，與沈周、唐寅、仇英并稱『明四家』。有《甫田集》。

雨中同思伯明卿登燕城閣

王世貞

堤上高樓逼絳河，蕪城秋色擁嵯峨。
天低雉堞窗中起，雨挾帆檣鏡裏過。
別後踟躕佳會少，狂來跌宕衆人多。
不堪西北憑闌望，欲指浮雲一嘯歌。

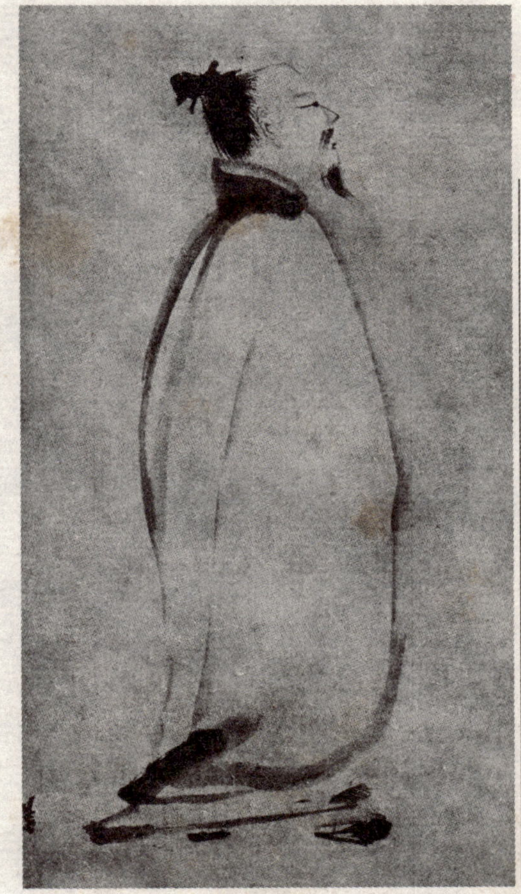

王世貞（一五二六—一五九〇）字元美，號鳳洲、弇州山人，太倉（今屬江蘇）人。嘉靖二十六年進士，累官至南京刑部尚書。學識淵博，詩、詞、曲、散文無體不工。早年與李攀龍同爲『後七子』領袖，攀龍没，獨主文壇二十年。

泊廣陵懷顧益卿

胡應麟

秋風騎鶴向天涯，路入揚州興轉遐。
有客登樓懷玉樹，何人開觀出瓊花？
壇前橫槊三千幟，橋上吹簫十萬家。
笑殺紫薇今夜醉，布帆無賴宿蒹葭。

胡應麟（一五五一—一六〇二）字元瑞，號石羊生，又號少室山人，蘭溪（今屬浙江）人。幼能詩，萬曆間中舉。久試進士不第，築室山中，聚書四萬餘卷，從事著述。有《少室山房類稿》、《詩藪》、《少室山房筆叢》。

揚州（四首選一）

吳偉業

撥盡琵琶馬上弦，玉鈎斜畔泣嬋娟。
紫駝人去瓊花院，青冢魂歸錦纜船。
荳蔻梢頭春十二，茱萸灣口路三千。
隋堤璧月珠簾夢，小杜曾游記昔年。

吳偉業（一六〇九—一六七二）字駿公，號梅村，太倉（今屬江蘇）人。明崇禎四年進士，授翰林院編修。弘光朝任少詹事。入清後官國子祭酒。爲明清之際著名詩人，尤工七律，兼善詞曲書畫。有《吳梅村集》。

秋日重過廣陵關帝祠樓舊寓見壁間墨迹猶鮮乃戊寅歲留題也蓋幾經兵燹慨然有咏

黃周星

城郭人民半似烟，高樓醉墨尚依然。
乾坤無恙秋風老，一夢揚州十四年。

黃周星（一六一一—一六八〇）

字九烟，號而庵，上元（今江蘇南京）人。明崇禎十七年進士，官户部主事。明亡，遁迹江湖，變名黃人，年七十自沉於水。有《芻狗齋集》、《九烟詩鈔》。

元夕江樓看月（二首選一）

杜濬

星火夢瓜洲，燈時得勝游。
難逢今夕月，復此大江流。
碧浸三山影，烟含萬古愁。
夜深誰擊楫？吾道在漁舟。

杜濬（一六一一—一六八七）

原名詔先，字于皇，號茶村，黃岡（今屬湖北）人。明崇禎十二年副貢生，入清不仕。晚年困頓，客死揚州。其詩文皆工，而尤以詩著稱。

贈別王阮亭司李（四首選一）

冒襄

廉泉聞道是邗溝，草長鶯啼椽舍幽。
夜月書聲搖畫艇，春晴吟屐響紅樓。
政成世始奇才子，情重分偏問舊游。
六載隋堤楊柳色，依依今日使人愁。

冒襄

（一六一一—一六九三）

字辟疆，號巢民，如皋（今屬江蘇）人。明崇禎十五年副貢，入清後隱居不仕，屢拒清廷徵召。與方以智、陳貞慧、侯方域友善，合稱「明末四公子」。常往來揚州，與文友詩酒流連。擅古文、詩、詞，亦工書法。著有《巢民詩集》、《巢民文集》、《影梅庵憶語》。

廣陵懷古

方文

隋堤楊柳幾千條，劫火曾經十五燒。
故國樓臺俱泯滅，美人香粉未全銷。
欲求梅閣疑何遜，不賦蕪城怯鮑照。
却訝群兒屠戮後，風流猶自説前朝。

方文

（一六一二—一六六九）

字爾止，桐城（今屬安徽）人。明末諸生，以氣節學問著稱於世。入清不仕，以游食爲生。喜交游，有詩名。

九日同姜如農王西樵程穆倩諸君登慧光閣

宋琬

塞鴻猶未到蕪城，載酒登樓雨乍晴。
山色淺深隨夕照，江流日夜變秋聲。
上方鐘磬疏林滿，十里笙歌畫舫明。
空負黄花羞短髮，寒衣三浣客心驚。

宋琬（一六一四—一六七四）字玉叔，號荔裳，别署二鄉亭主人，萊陽（今屬山東）人。順治四年進士，官至四川按察使。其詩與施閏章齊名，有『南施北宋』之稱。著有《安雅堂全集》等。

廣陵懷古

曹爾堪

何須故老話興亡，兵後繁華事渺茫。
邗水曲流通汝漢，蕪城衰草恨齊梁。
客尋芳榭鶯歌斷，馬過朱欄識酒香。
不盡泪痕傷往迹，夜深紅雨濕雷塘。

曹爾堪（一六一七—一六七九）字子顧，號顧庵，嘉善（今屬浙江）人。順治九年進士，官至侍講學士。工詩，與宋琬、施閏章、王士禎、汪琬、程可則、沈荃齊名，并稱『海内八大家』。有《南溪集》、《杜鵑亭集》行世。

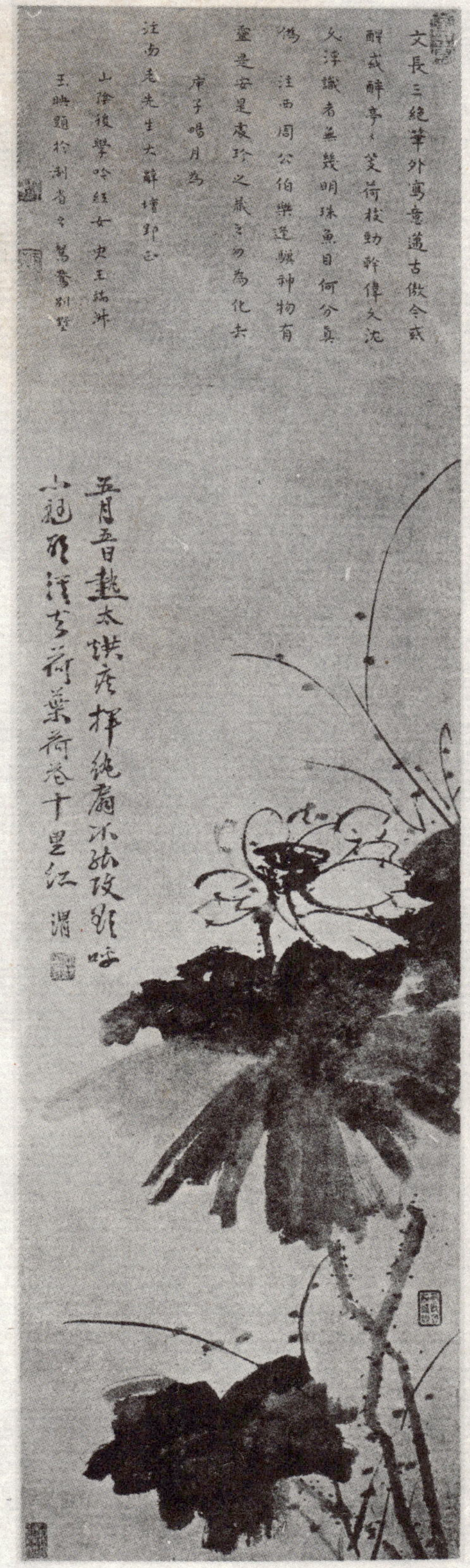

芍藥圃

方孝標

奇葩不向洛陽開，想共南轅六代來。
地近竹西歌吹繞，種分花譜色香栽。
曾將四朵酹名相，更有群芳冠賦才。
忽憶燕都三月路，年年觴咏祇豐臺。

方孝標（一六一七—？）本名玄成，別號樓岡，桐城（今屬安徽）人。順治進士，累官內弘文院侍讀學士。順治十四年受江南科場案株連，流放寧古塔。後得釋，入吴三桂幕。死後受《南山集》案牽連，被戮尸，遺書皆禁毁。今存《鈍齋詩選》二十二卷。

廣陵泛舟兩絕句

施閏章

綠浦紅蕖間白蘋，采蓮艇子棹歌新。
慣聞簫鼓朝朝過，睡穩鴛鴦不避人。

摘星樓畔水迢迢，古碣荒臺字半銷。
疏柳隋堤明月夜，宮娃魂斷尚吹簫。

施閏章（一六一八—一六八三）字尚白，號愚山，宣城（今安徽宣州）人。順治六年進士，康熙十八年召試博學鴻詞列二等，授翰林侍講，轉侍讀。詩與宋琬齊名，時稱『南施北宋』。有《學餘堂文集》、《學餘堂詩集》。

過史公墓

吴嘉紀

纔聞戰馬渡滹沱，南北紛紛盡倒戈。
諸將無心留社稷，一抔遺恨對山河。
秋風暮嶺松篁暗，夕照蕪城鼓角多。
寂寞夜臺誰吊問，蓬蒿滿地牧童歌。

吴嘉紀（一六一八—一六八四）字賓賢，號野人，泰州東淘（今江蘇東臺）人。少時從事鹽場勞動，勤學苦讀。入清後絕意仕進，隱居家鄉。其詩語言簡樸通俗，風格幽峭蒼勁，晚年因王士禛等人的推崇，詩名大振。有《陋軒集》。

揚州柳枝詞十首（選二）

吴綺

邗水東來碧似油，垂楊一帶起朱樓。
誰將當日隋宫地，改作山堂半日游。

玉鈎斜畔草蕭蕭，剩有新妝倚畫橈。
金管不須船送酒，一行青紵小紅橋。

吴綺（一六一九—一六九四）字薗次（一作園次），號聽翁，亦稱紅豆詞人，江都（今江蘇揚州）人。順治十一年拔貢生，歷官浙江湖州知府，多惠政。喜賓客，工詩文。有《林蕙堂集》、《亭皋詩集》。

歸來（三首選一）

孫枝蔚

江頭落木正飛揚，歸到蕪城即故鄉。
抱女同看巢鵲樹，教兒先坐讀書堂。
詩名近日紛相問，酒債何時擬竟償。
囑付門前車馬客，老夫高卧戀藜床。

孫枝蔚（一六二〇—一六八七）字豹人，號溉堂，三原（今屬陝西）人。出身富商。明末，散家財募兵與李自成農民軍爲敵，兵敗後流寓江都。初爲鹽商，後弃商習文，以詩、詞、文知名當世。有《溉堂集》。

乙巳春夜讀王阮亭先生紅橋冶春諸絕句漫作（三首）

宗元鼎

紅橋春柳碧條條，十五橋中第一橋。
多少游人渾不識，獨留才子聽吹簫。

一從主客題詩後，兩岸珠簾門玉簫。
引得清明賣餳者，聲聲烟雨過紅橋。

休從白傅歌楊柳，莫向劉郎演竹枝。
五日東風十日雨，江樓齊唱《冶春詞》。

宗元鼎（一六二〇—一六九八）字定九，號梅岑，江都（今江蘇揚州）人。酷嗜梅花，堂前有古梅一株，時人謂之宗郎梅。曾從王士禛學詩。康熙十八年，貢太學，部考第一。有《新柳堂詩集》、《芙蓉集》。

紅橋泛月次宗鶴問韵

郭士璟

皓月澄空風景幽，大江千里一揚州。
遥分樹色三山起，四望溪光萬頃流。
畫舫不迷隋代路，高樓應照美人愁。
揭來清影隨心賞，短笛横簫夜夜秋。

郭士璟（一六二〇—一六九九）字眉樞，先世由涇陽（今屬陝西）遷江都（今江蘇揚州）。順治十二年進士，官常州府教授，遷國子監助教，晉工部主事，督榷九江。有《廣陵舊迹詩》。

次揚州八韵

毛奇齡

八月隋堤柳，三秋揚子波。
南朝曾作鎮，大業舊開河。
螢苑銷花草，瓊臺尚綺羅。
雷塘宮北舞，《水調》竹西歌。
高旆京漕粟，長船蜀估艖。
重闉如合璧，交埂勝連河。
京口雲生晚，淮南木落多。
蕪城吾有賦，騁望意如何。

毛奇齡（一六二三—一七一六）一名甡，字大可，號西河，蕭山（今屬浙江）人。早年曾參加抗清復明活動。康熙十八年，以廩監生薦應博學鴻詞試，授檢討。告歸，著述以終。爲清初著名學者，兼工詩詞曲。著有《西河合集》。

小秦淮曲（十首選三）

陳維崧

小東門外小秦淮，水意蘭情事事佳。
燕子拖烟縈綉巷，鮰魚和雨上銅街。

十年情緒不曾消，又過揚州第幾橋。
小倚曲闌思往事，傷心斜日柳條條。

絕代銷魂王阮亭，六年客舍爲君停。
昨來禪智河邊別，雨打離帆一夜聽。

陳維崧（一六二五—一六八二）

字其年，號迦陵，宜興（今屬江蘇）人。康熙十八年舉博學鴻詞，授翰林院檢討，入館修《明史》。曾長期流寓揚州。詩詞文賦俱佳，詞名尤著，與朱彝尊齊名。

彭孫遹（一六三三—一七〇〇）

字駿孫，號羨門，海鹽（今屬浙江）人。順治十六年進士，官内閣中書。康熙十八年舉博學鴻詞第一，授編修。詩與王士禛齊名，時號『彭王』。有《松桂堂全集》、《南淮集》、《延露詞》等。

揚州懷古

彭孫遹

惆悵繁華事已非，寒波縹緲夕陽微。
雷塘雨過山花碧，瓜步雲開木葉稀。
自昔參軍多感慨，重來水部惜芳菲。
離宮別館今何處，坐見孤蓬日日飛。
草生城闕鬱崔巍，陳迹千年吊落暉。
南國綺羅悲帝子，東都花柳葬靈妃。
雲山一去秦淮海，歌吹空傳杜紫微。
悵望烟波情不極，春潮如雪送將歸。

宋犖（一六三四—一七一三）

字牧仲，號漫堂，又號西陂老人、綿津山人等。商丘（今屬河南）人。官至吏部尚書。與王士禛交好，王有詩句：『誰識朱顏兩年少，王揚州與宋黃州。』著有《西陂類稿》、《筠廊偶筆》、《綿津山人集》等。

紅橋

宋犖

最是揚州勝，紅橋帶綠楊。
著名同廿四，佳話自漁洋。
去住笙歌接，空濛烟水長。
幾回憑吊處，詩思寄斜陽。

尋影園舊址同郝山漁賦

汪楫

園廢影還留，清游正暮秋。
夕陽橫渡口，衰草接城頭。
詞賦四方客，繁華百尺樓。
當時有賢主，誰不羨揚州。

汪楫（一六三六—一六九九）

字舟次，別字耻人，號悔齋，江都（今江蘇揚州）人。康熙十八年舉博學鴻詞，授檢討，與修《明史》。旋充册封琉球正使，却餽贈，琉球國人建『却金亭』志之。詩名早著，與汪懋麟齊名，稱『二汪』。有《悔齋集》五種。

紅橋秋泛（十首選二）

冒丹書

目斷迷樓衰草多，玉鈎斜畔冷烟蘿。
當時迎輦司花女，零落紅顏喚奈何。

風流刺史説歐陽，近代琅琊獨擅場。
留得冶春諸絶句，紅牙齊唱《小秦王》。

冒丹書（一六三九—？）字青若，號卯君，如皋（今屬江蘇）人，冒襄次子。康熙貢生，官同知。著有《枕烟堂集》、《西堂集》。

送金長真太守之任揚州（三首選一）

汪懋麟

『四并堂』開霽日紅，君才綽有昔賢風。
梅花賽雪吟何遜，芍藥成圍宴魏公。
亭訪『無雙』花旖旎，樓登『第一』月朦朧。
夾城燈火從來盛，不在尋常水旱中。

汪懋麟（一六四〇—一六八八）字季甪，號蛟門，江都（今江蘇揚州）人。康熙六年進士，授內閣中書，以刑部主事入史館充纂修官，與修《明史》。與汪楫同里同有詩名，時稱『二汪』。有《百尺梧桐閣集》。

王士禛（一六三四—一七一一）字子貞，一字貽上，號阮亭，又號漁洋山人，新城（今山東桓臺）人。清順治十五年進士，次年選揚州府推官。康熙元年三月三日，與詩人名士於紅橋行修禊之禮，首寫《冶春詞》二十首，諸人和之，一時稱爲盛事。歷官至刑部尚書。爲清初著名詩人，主盟詩壇數十年，影響甚大。論詩創『神韵説』。亦能詞。有《漁洋山人精華録》、《池北偶談》等。

文選樓懷古

王士禛

何處登臨起暮愁，蕭梁人代幾悠悠。
心悲竇志詩中語，泪灑維摩江上樓。
元圃風流人已盡，蕪城日落草先秋。
銷沈古迹遺書在，佛火寒鐘對古流。

冶春絕句（二十首選二）

王士禛

今年東風太狡獪，弄晴作雨送春來。
江梅一夜落紅雪，便有夭桃無數開。

紅橋飛跨水當中，一字闌干九曲紅。
日午畫船橋下過，衣香人影太匆匆。

廣陵懷古

洪昇

孤墳何處問雷塘？猶憶東巡樂未央。
廿四橋頭人影亂，三千殿脚棹歌長。
流螢不見飛隋苑，杜宇依然叫蜀岡。
全盛江都同一夢，楊花如雪晚茫茫。

洪昇（一六四五—一七〇四）

字昉思，號稗畦，錢塘（今浙江杭州）人。嘗受業於王士禛，學詩於施閏章。工詩文，其詩高超閑淡。亦工詞。尤擅製曲，以傳奇《長生殿》知名，與孔尚任時稱『南洪北孔』。

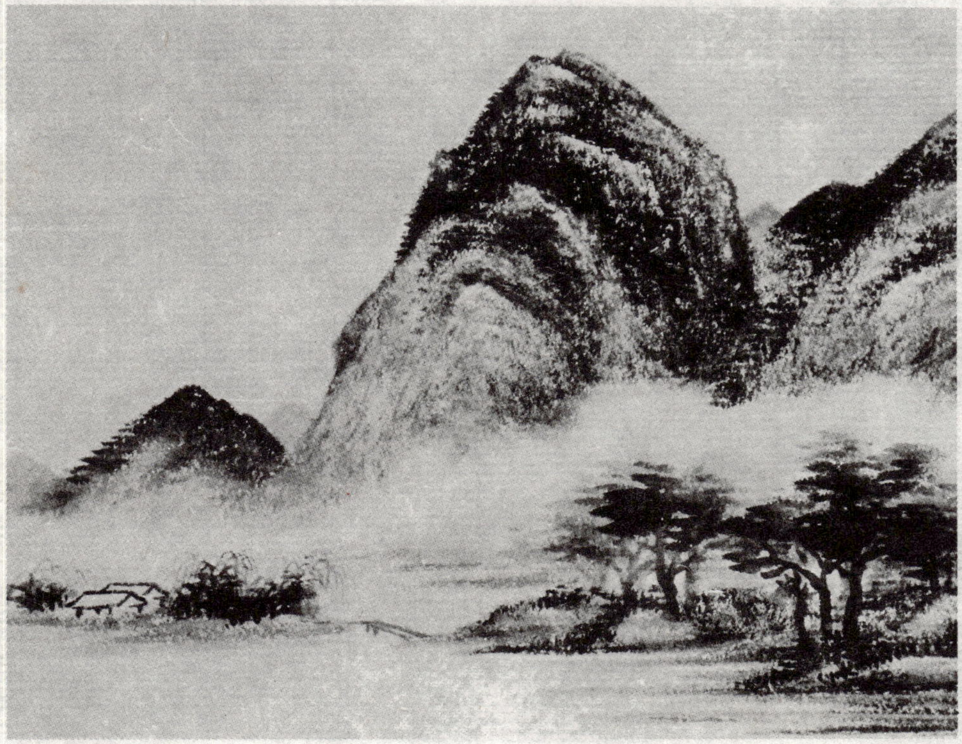

過維揚 并序

愛新覺羅·玄燁

南巡以來，減撤儀衛，所歷郡邑，垂髫戴白，聽其趨蹌馬首。有以管籥迎者，輒禁止之。頃過維揚，商民比屋連艘，充盈可喜。但結彩張燈，闐溢巷陌，雖邗溝爲東南孔道，歡迎亦兆庶至情，猶恐前途相效，敕地方長吏諭以省費惜財，并賦此詩。

重過邗溝地，春風細草生。
帆檣連賈舶，笙吹滿江城。
物力須教惜，民情亦見誠。
繁華當淑景，氣象喜充盈。

愛新覺羅·玄燁（一六四五—一七二二）

清世祖福臨第三子，年號康熙。在位期間，平定三藩，收復臺灣，發展經濟，鞏固統一，繁榮學術，其雄才大略和文治武功歷來爲人稱道。他曾六巡江南，五次駐蹕揚州。

揚州

孔尚任

阮亭合是揚州守，杜牧風流數後生。
廿四橋邊添酒社，十三樓下説詩名。
曾經畫舫無閑柳，再到紗窗總舊鶯。
亦有蕪城能賦手，烟花好句讓多情。

孔尚任（一六四八—一七一八）字聘之，一字季重，號東塘，曲阜（今屬山東）人。孔子六十四代孫。清初著名戲曲作家，代表作有《桃花扇》等。康熙二十五年奉命赴揚州地區治水，期間廣交文友，自稱「生平知己，半在維揚」，并於二十七年三月三日主持紅橋修禊活動。

蜀岡夕望

桑豸

十里西山日漸昏，憑高一瞬盡乾坤。
河邊金塔沈雙影，江上青峰隱數痕。
戰馬争嘶新戍壘，歸鴉閑數舊宫門。
錦帆玉輦人何在，惟見烽烟起暮村。

桑豸 生卒年不詳。字楚執，號雪薌，江都（今江蘇揚州）人。康熙二十五年貢生。擅詩。著有《編年詩存》、《桑雪薌文集》、《廣陵紀事》。

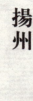

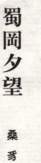

平山堂

納蘭性德

竹西歌吹憶揚州，一上虛堂萬象收。
欲問六朝佳麗地，此間占絕廣陵秋。

納蘭性德（一六五五—一六八五）

原名成德，字容若，號楞伽山人，滿洲正黃旗人，大學士明珠之子。康熙十二年進士。初授三等侍衛，後晉升爲一等。扈從康熙左右，多次隨駕出巡。兼擅詩、文、詞，而以詞成就最高。有《通志堂集》。

曹寅（一六五八—一七一二）

字子清，號荔軒，又號楝亭。先世爲漢人，著籍襄平（今遼寧遼陽），後淪爲正白旗包衣。十三歲爲康熙帝伴讀、侍衛。康熙二十九年任蘇州織造，三十年又兼江寧織造。四十三年兼任兩淮巡鹽御史，常往來揚州。於天寧寺設揚州詩局，奉命主持刊刻《全唐詩》、《佩文韵府》等。著有《楝亭詩鈔》、《楝亭文鈔》等。

再游功德寺

曹寅

仍是耽吟善病身，重來浮地覓殘春。
蕭森一雨全飛燕，岑寂雙扉不見人。
頓撫垂楊生浩嘆，轉憐流水入囂塵。
招提昔日猶今日，珍重西崚舊比鄰。

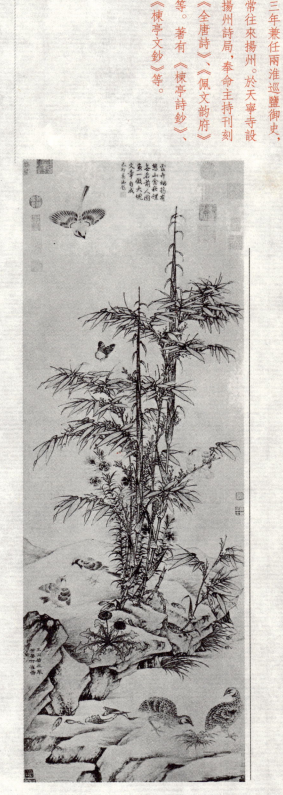

程夢星（一六七九—一七五五）

字午橋，號洴江，一號香溪，江都（今江蘇揚州）人。康熙五十一年進士，改庶吉士，授翰林院編修，以丁憂歸，不復出。家有筱園，日與賓客吟咏其中，主盟揚州詩壇數十年。有《今有堂詩集》、《平山堂小志》等。

晚登康山（二首）

程夢星

城隅舊迹剩荒丘，郭外垂楊暮靄浮。
幾日風流似帆影，纔張已過屋東頭。

急難片語見交情，放浪才名意未平。
夜夜秋風動梧竹，至今猶作琵琶聲。

盧見曾（一六八〇—約一七六五）

字抱孫，號雅雨山人，德州（今屬山東）人。康熙六十年進士。乾隆元年擢爲兩淮鹽運使。因被人誣陷，謫戍塞外。後起復，任原職。在揚期間，築蘇亭於使署，招詩人飲酒賦詩，文名盛於一時。乾隆二十二年，復主持紅橋修禊，作七言律詩四首，和其韵者七千餘人，編次得三百餘卷。著有《雅雨堂詩集》。

紅橋修禊并序（四首選一）

盧見曾

揚州紅橋自漁洋先生冶春唱和以後，修禊遂爲故事。然其時平山堂廢，保障湖淤，篇章雖盛，游覽者不能無遺憾焉。乾隆十六年辛未，聖駕南巡，始修平山堂御苑，而浚湖以通於蜀岡。歲次丁丑，再舉巡狩之典，又浚迎恩河瀦水以入於湖。兩岸園亭，標勝景二十，保障湖：曰卷石洞天，曰西園曲水，曰紅橋攬勝，曰冶春詩社，曰荷浦薰風，曰碧玉交流，曰四橋烟雨，曰春臺明月，曰白塔晴雲，曰三過留踪，曰蜀岡晚照，曰萬松叠翠，曰花嶼雙泉，曰雙峰雲棧，曰山亭野眺。迎恩河：曰臨水紅霞，曰緑稻香來，曰竹樓小市，曰平岡艷雪。而紅橋之觀止矣。翠華甫過，上巳方新，偶假餘閑，隨邀勝會，得詩四律。

緑油春水木蘭舟，步步亭臺邀逗留。十里畫圖新閬苑，二分明月舊揚州。
空憐强酒還斟酌，莫倚能詩漫唱酬。昨日宸游親侍從，天章捧出殿東頭。

平山堂雅集二首

高鳳翰

大運使盧公盛選賓從，續會平山堂，追蹤盧陵。人士競傳，得未曾有。余時適在揚州，以公赴儀，未得與會。是日，運使公傳呼使者數輩來問河下舟。翌日進見，補賡二章，應教。

平山烟月銷沈久，盛事俄驚見玉川。
异代主盟追六一，名流選客笑三千。
垂楊影裏雷塘路，彈指聲中慶曆年。
應使後來邗上水，重翻舊案入新傳。

天上登臨廣宴開，白沙撥棹恨遲回。
中原壇坫違鞭弭，湖海風雲負酒杯。
千古蕪城重作賦，一時梁苑盡徵才。
多情却愧錢留守，十輩龍門遣使來。

高鳳翰（一六八三—一七四九）字西園，號南村，膠州（今屬山東）人。雍正間，歷歙縣縣丞，休寧、績溪縣令及泰州壩鹽官。去官後，曾寄居揚州僧舍，賣畫爲生。擅山水花卉，精篆刻。爲『揚州八怪』之一。有《南阜山人全集》。

春城晚望同西唐振華幼孚

汪士慎

結伴同登仙鶴城，東風拂拂樹頭生。
荒凉臺樹誰家夢，斷續弦歌水上聲。
雲際山光青叠叠，日邊江影白盈盈。
憑臨不覺千門夕，翹首揚州月未明。

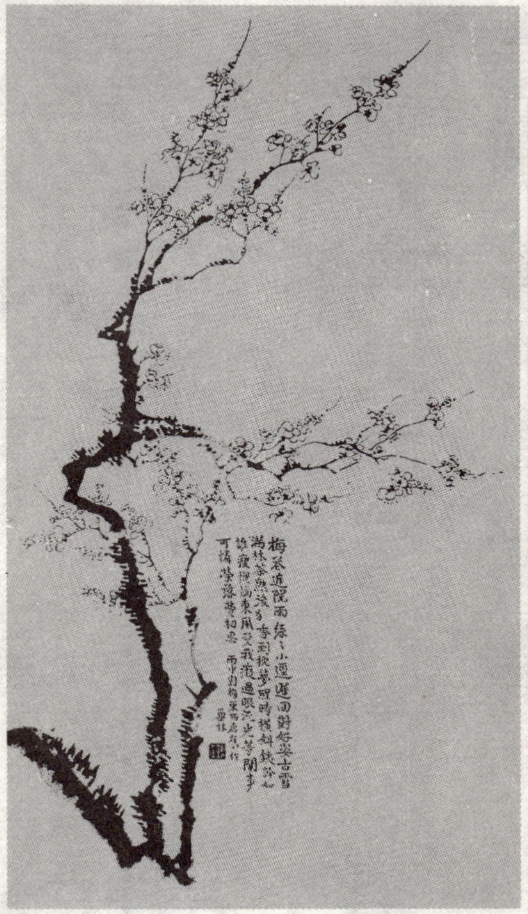

汪士慎（一六八六—一七五九）字近人，號巢林，歙縣（今屬安徽）人。後流寓揚州。工花卉，尤擅梅。善爲詩，題咏揚州者尤夥。有《巢林詩集》七卷。

平山堂

金農

廿四橋邊廿四風，憑欄猶憶舊江東。
夕陽返照桃花渡，柳絮飛來片片紅。

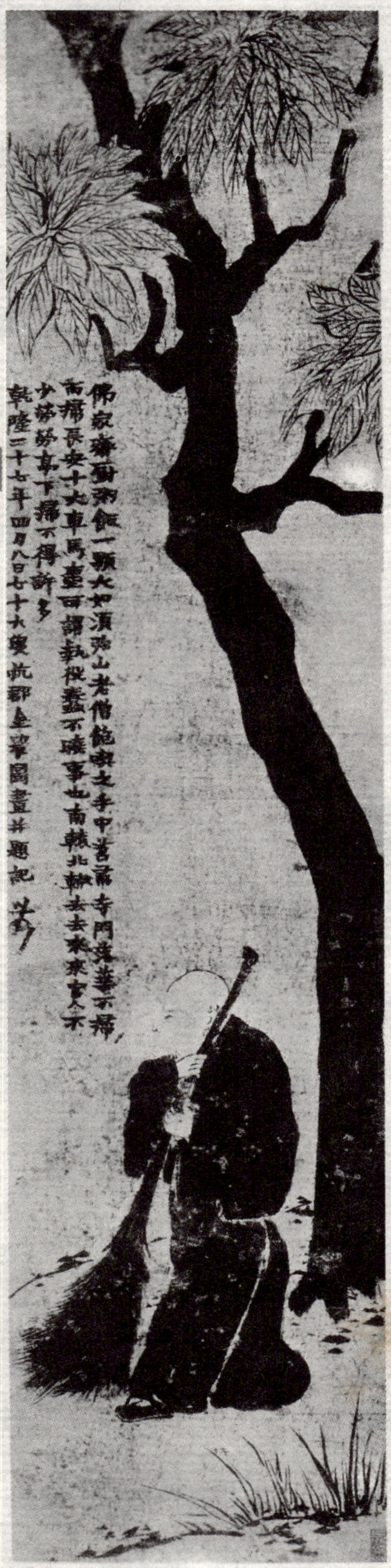

金農

（一六八七—一七六三）字壽門，又字司農，號冬心先生。錢塘（今浙江杭州）人。乾隆初，以布衣被薦博學鴻詞科試，不就。善詩文，工書畫。五十歲後流寓揚州，爲『揚州八怪』之一。居西方寺，以賣畫爲生。有《冬心先生集》。

盧雅雨鹺使簡招并示《出塞圖》

黃慎

東閣重開客倚欄，醉中出示塞圖看。
玉關天迥駝峰聳，沙磧秋高馬骨寒。
經濟江淮新管鑰，風流鄒魯舊衣冠。
祇今重對揚州月，笑索梅花帶雪餐。

黃慎

（一六八七—約一七七〇）原名盛，字躬懋、恭壽，癭瓢子、東海布衣等，寧化（今屬福建）人。久居揚州，以賣畫爲生，爲『揚州八怪』之一。工書人物，兼工花鳥、山水。又工詩，有《蛟湖詩鈔》。

馬曰琯

（一六八八—一七五五）字秋玉，號嶰谷，原籍祁門（今屬安徽），因業鹽淮南，遂居揚州。乾隆元年舉博學鴻詞不就。與弟曰璐并以詩名，稱『揚州二馬』。構書屋曰小玲瓏山館，爲藏書宴集之地，當時知名之士，如全祖望、厲鶚、陳章、陳撰、姚世鈺等皆館其家。有《沙河逸老集》、《嶰谷詞》。

竹西亭寒眺

馬曰琯

瘦竹已娟娟，虛亭有數椽。
嵐光出遠樹，帆影落平田。
斜日憐新構，高吟入暮天。
樊川魂在否，可得起寒烟。

揚州（四首選二）

鄭燮

畫舫乘春破曉烟，滿城絲管拂榆錢。
千家養女先教曲，十里栽花算種田。
雨過隋堤原不濕，風吹紅袖欲登仙。
詞人久已傷頭白，酒暖香温倍悄然。

廿四橋邊草徑荒，新開小港透雷塘。
畫樓隱隱烟霞遠，鐵板錚錚樹木凉。
文字豈能傳太守，風流原不礙隋皇。
量今酌古情何限，願借東風作小狂。

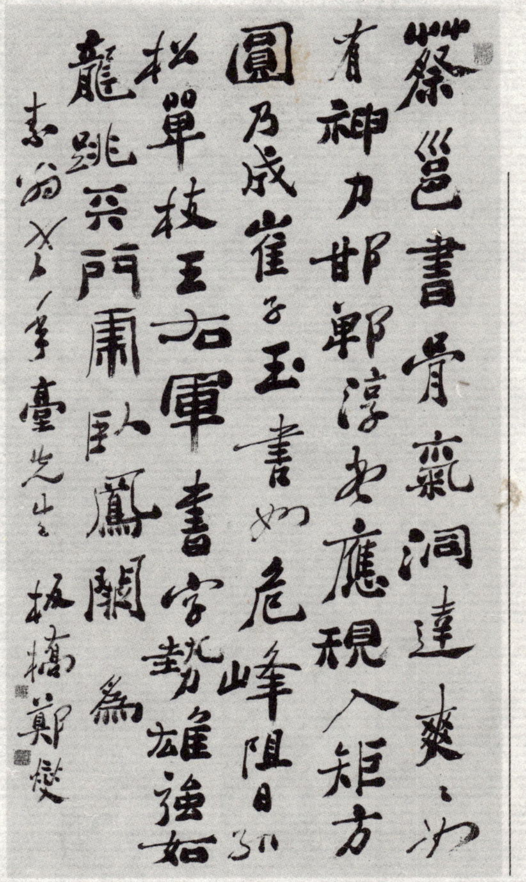

鄭燮

（一六九三—一七六五）字克柔，號板橋，興化（今屬江蘇）人。乾隆元年進士，曾任山東范縣、濰縣知縣，罷官後，居揚州賣畫。工書畫，畫擅蘭竹，爲『揚州八怪』之一。兼工詩。有《鄭板橋全集》。

將往平山堂風雪不果二首

吳敬梓

平山堂畔白雲平，文藻偏能繫客情。
不似迷樓羅綺盡，祇今惟有暮鴉聲。

空懷還客擅才華，不見雕闌共絳紗。
却憶故山風雪裏，摧殘手植老梅花。

吳敬梓（一七〇一—一七五四）
字敏軒，號文木，全椒（今屬安徽）人。康熙末爲諸生，乾隆元年薦試博學鴻詞，以病未赴。曾幾度寓居揚州，結交了程夢星、鄭燮、盧見曾等一批文友，晚年客死瓊花觀。著有《儒林外史》、《文木山房集》。

紅橋修禊詞同閔蓮峰王載揚齊次風作（三首選一）

汪沆

垂楊不斷接殘蕪，雁齒紅橋儼畫圖。
也是銷金一鍋子，故應喚作瘦西湖。

汪沆（一七〇四—一七八三）
字詩李，一字西顥，號艮園，又號槐塘，錢塘（今浙江杭州）人。諸生。乾隆元年薦試博學鴻詞，終身不涉仕途。從厲鶚受詩法，詩風清麗，與杭世駿齊名。有《槐塘詩文集》、《湛華軒雜録》等行世。

奉題玲瓏山館

全祖望

覓句廊邊日落，看山樓上雲生。
高人坐嘯其下，如有鸞聲鳳聲。
西頭大有人在，春酒半槎正濃。
底事披頭不見，池塘獨坐空蒙。

全祖望

（一七〇五—一七五五）字紹衣，自署結埼亭長，學者稱謝山先生，鄞縣（今浙江寧波）人。乾隆進士，官翰林院庶吉士。後辭官讀書著述自娛。工詩文，在揚州與馬氏兄弟友善，寓小玲瓏山館，後被轉運使盧見曾延入幕中。有《結埼亭集》、《經史問答》等。

維揚覽古

愛新覺羅·弘曆

清晨解纜發秦郵，落照維揚駐御舟。
岡有檜旗宛是蜀，山才培塿亦稱浮。
建牙鎮静猶傳謝，通守文章更紀歐。
寂寞隋堤烟柳在，秋宵誰見亂螢流。

愛新覺羅·弘曆

（一七一一—一七九九）即乾隆皇帝。在位期間，勵精圖治，開拓疆宇，又命纂修《明史》、《四庫全書》等，文治武功，臻於極盛。與康熙年間合稱「康乾盛世」。曾六次南巡，於揚州題咏甚多。

揚州游馬氏玲瓏山館感吊秋玉主人

袁枚

山館玲瓏水石清，邗江此處最知名。
橫陳圖史常千架，供養文人過一生。
客散蘭亭碑尚在，草荒金谷鳥空鳴。
我來難忍風前泪，曾識當年顧阿瑛。

袁枚（一七一六—一七九七）

字子才，號簡齋，世稱隨園先生，晚年自號倉山居士，錢塘（今浙江杭州）人。乾隆四年進士，授翰林院庶吉士，歷任江寧等地知縣。乾隆十三年辭官居江寧，於小倉山築别墅曰隨園，隱居著述，廣交天下文士。活躍詩壇六十餘年，與趙翼、蔣士銓并稱『乾隆三大家』。有《小倉山房集》、《隨園詩話》等。

揚州觀劇（四首選二）

趙翼

又入揚州夢一場，紅燈緑酒奏《霓裳》。
經年不聽游仙曲，重爲雲英一斷腸。

故事何須出史編，無稽小説易喧闐。
武松打虎昆侖犬，直與關張一樣傳。

趙翼（一七二七—一八一四）

字雲崧，號甌北，陽湖（今江蘇武進）人。乾隆二十六年進士，官至貴西兵備道。六十歲前後，曾主講揚州安定書院。與袁枚、蔣士銓并稱『乾隆三大家』。其詩歌創作和史學研究均有杰出成就。有《甌北詩集》、《二十二史札記》等著作傳世。

淮南雜詩（九首選二）

伊秉綬

蜀阜晨嵐白似綿，邗溝春水碧于烟。
紅橋無恙吾生晚，不及漁洋司理年。

丞相祠堂傍水涯，尋春士女日喧嘩。
嶺南香雪無消息，嶺北寒梅未有花。

伊秉綬（一七五四—一八一五）字組似，號墨卿，寧化（今屬福建）人。乾隆五十四年進士，改刑部主事，擢員外郎，出爲惠州知府，徙揚州知府。在揚寓黄氏園，與名流相唱和，有『文章太守』之稱。工詩古文詞，又善隸書，頗爲時人推重。有《留春草堂詩》等傳世。

正月二十五日梅花嶺作

曾燠

今年春到嶺頭遲，九九纔開三兩枝。
移向消寒圖上看，已應變作杏花時。

隋宫名色擅風流，一笛梅花足艷游。
士女至今傳《水調》，年年明月滿揚州。

閣部衣冠久已灰，貞魂猶化古香來。
蕪城自有梅花嶺，壓倒瓊花不敢開。

曾燠（一七六〇—一八三一）字庶蕃，號賓谷，南城（今屬江西）人。乾隆四十六年進士，官終貴州巡撫，以母老乞養歸。任兩淮鹽運使時，在揚州使署闢邗上題襟館，與賓從文士賦詩其中，一時稱爲盛事。工詩文。有《賞雨茅屋詩集》、《江西詩徵》等。

廣陵雜咏（七首選二）

方濬頤

緑楊城外緑楊灣，簫鼓中流客思閑。
莫問虹園舊歌舞，木魚聲斷小金山。

五亭烟水送歸橈，誰擁冰輪上碧霄。
今夜方知二分月，清光一半在虹橋。

方濬頤（一八一五—一八八九）字子箴，號夢園，定遠（今屬安徽）人。道光二十四年進士，改庶吉士，官至四川按察使。同治間任兩淮鹽運使，創淮南書局，刊刻典籍。工詩詞，有《二知軒詩鈔》等。

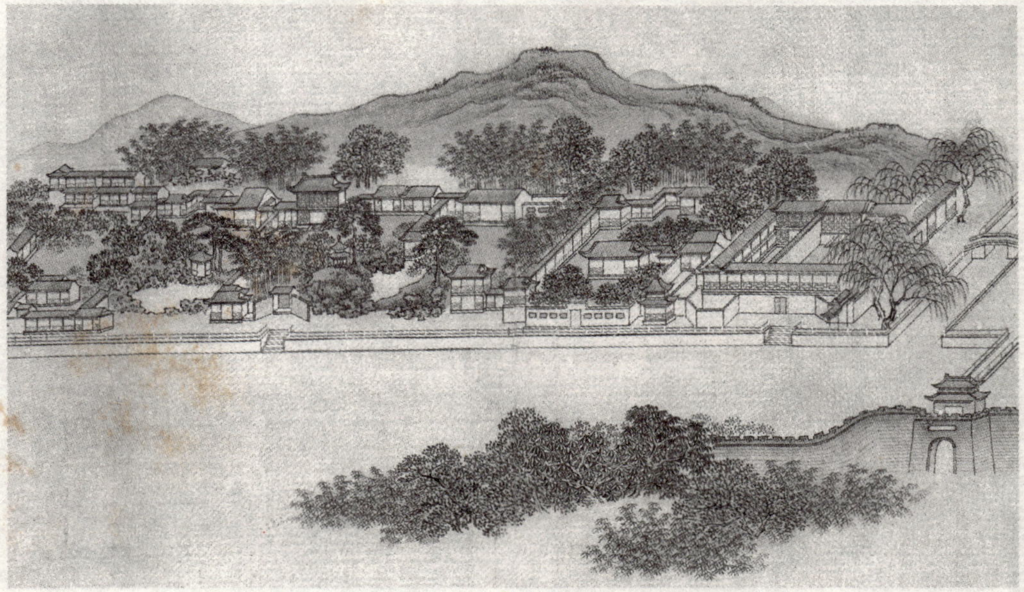

《小游船詩》題詞

臧穀

人影衣香又一時，漁洋以後久無詩。
半篙野水如瓜艇，譜出虹橋新竹枝。

淥波開就小蓮花，惹得游人盡意詩。
從此湖山增故實，嚴陵九姓總漁家。

臧穀（一八三四—一九一〇）原名肇鏞，號詒孫，又號雪溪，因愛菊自稱種菊生、菊隱翁、菊叟，江都（今江蘇揚州）人。同治四年進士，授翰林院庶吉士。遭父母喪，無意進取，歸里後主冶春後社，創作了《續揚州竹枝詞》一百首及其他題咏揚州的大量詩歌。有《菊隱翁詩集》、《揚州劫餘小志》等。